Benedikt XVI.
Die Schönheit Gottes

Meditationen zum Lebensweg Jesu

Mit Bildern des Isenheimer Altars

benno

Einladung zur Freude

„Freue dich, du Gnadenvolle. Der Herr ist mir dir“ (Lk 1,28). Dies sind die Worte – vom Evangelisten Lukas wiedergegeben –, mit denen der Erzengel Gabriel sich an Maria wendet … Der Gruß des Engels an Maria ist also eine Einladung zur Freude, zu einer tiefen Freude. Er verkündet das Ende der Traurigkeit, die in der Welt ist angesichts der Begrenztheit des Lebens, angesichts des Leidens, des Todes, der Bosheit, der Finsternis des Bösen, die das Licht der göttlichen Güte zu verdunkeln scheint. Es ist ein Gruß, der den Beginn des Evangeliums, der Frohen Botschaft, anzeigt …
Im Gruß des Engels wird Maria „Gnadenvolle“ genannt; im Griechischen hat der Begriff „Gnade“, „charis“, dieselbe sprachliche Wurzel wie das Wort „Freude“. Auch in diesem Ausdruck wird die Quelle der Freude Marias noch besser erläutert: Die Freude kommt aus der Gnade, sie kommt also aus der Gemeinschaft mit Gott, aus der Tatsache, in so enger Verbindung mit ihm zu stehen, die Wohnung des Heiligen Geistes zu sein, völlig vom Wirken Gottes geprägt.

Generalaudienz vom 19. Dezember 2012

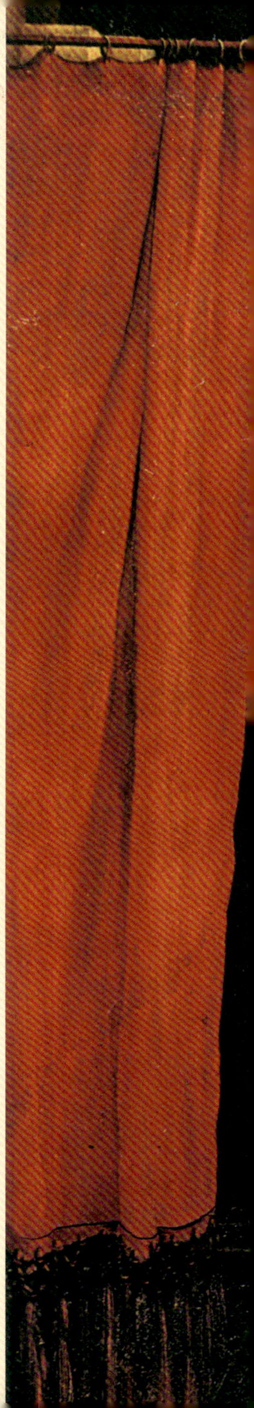

Bitten wir den Herrn

Das Evangelium kündet uns vom Licht Christi,
das in die Dunkelheit der Welt eingetreten ist.
Dieses Licht leuchtet auch in unserer Zeit und
zeigt uns den Weg zum wahren Leben.
Bitten wir den Herrn, dass der Glanz seiner
Wahrheit uns und unsere menschliche Gesellschaft
immer mehr erfülle.

Angelus, 27. Januar 2008

Ecce virgo
concipiet et
pariet filiū:
et vocabitur
eligere bonū.
Ecce virgo
concipiet et
pariet filium
et vocabitur
nomen eius
Emanuel

Eine Vision ins Geheimnisvolle

Im Propheten Jesaja steht: „Ein Kind ist uns geboren, ein Sohn ist uns geschenkt. Die Herrschaft liegt auf seiner Schulter; man nennt ihn: Wunderbarer Ratgeber, Starker Gott, Vater in Ewigkeit, Fürst des Friedens. Seine Herrschaft ist groß, und der Friede hat kein Ende“ (Jes 9,5 f.).

Ob der Prophet bei diesem Wort an irgendein in seiner historischen Stunde geborenes Kind gedacht hat, wissen wir nicht. Aber es scheint unmöglich. Dies ist der einzige Text im Alten Testament, in dem von einem Kind, von einem Menschen gesagt wird: Man nennt ihn starker Gott, Vater in Ewigkeit. Wir stehen vor einer Vision, die weit über den historischen Augenblick hinausreicht, ins Geheimnisvolle, ins Künftige hinein. Ein Kind in seiner ganzen Schwachheit ist starker Gott. Ein Kind in seiner ganzen Bedürftigkeit und Abhängigkeit ist Vater in Ewigkeit. „Und der Friede hat kein Ende.“ Der Prophet hatte es vorher als „ein helles Licht“ bezeichnet und über den von ihm kommenden Frieden gesagt, dass der Stock des Treibers, jeder dröhnend daherstampfende Stiefel, jeder blutbefleckte Mantel verbrannt wird (vgl. Jes 9,1.3-4).

Predigt vom 24. Dezember 2011

Fürchte dich nicht!

„Fürchte dich nicht, Maria!“, sagt der Engel. Sie hatte wirklich allen Grund, sich zu fürchten, denn die Last der Welt auf den eigenen Schultern zu tragen, die Mutter des Königs der Welt zu sein, die Mutter des Sohnes Gottes zu sein, welch eine Last bedeutete das! Eine Last, die alle menschlichen Kräfte überstieg! Aber der Engel sagt: „Fürchte dich nicht! Ja, du trägst Gott, aber Gott trägt dich. Fürchte dich nicht!“
Dieses Wort „Fürchte dich nicht!“ ist sicher tief in Mariens Herz eingedrungen. Wir können uns vorstellen, dass die heilige Jungfrau später manchmal an dieses Wort zurückgedacht hat, es von Neuem gehört hat. In dem Moment, als Simeon zu ihr sagt: „Dein Sohn wird ein Zeichen sein, dem widersprochen wird, dir selbst aber wird ein Schwert durch die Seele dringen“ (vgl. Lk 2,34–35), in diesem Moment, in dem die Furcht sie hätte überwältigen können, denkt Maria an die Worte des Engels und hört sie im Innern leise widerhallen: „Fürchte dich nicht, Gott trägt dich!“ Und als während seines öffentlichen Lebens der Streit um Jesus entbrennt und viele sagen: „Er ist von Sinnen“, denkt sie wieder: „Fürchte dich nicht“ und setzt ihren Weg fort. Als sie ihm schließlich auf dem Kreuzweg begegnet und dann auf Golgota unter dem Kreuz steht, hört sie, als alles verloren scheint, in ihrem Herzen wieder die Worte des Engels: „Fürchte dich nicht!“ Und so steht sie mutig neben dem sterbenden Sohn und geht vom Glauben gestützt auf die Auferstehung, auf Pfingsten, auf die Gründung der neuen Familie der Kirche zu.

Predigt vom 18. Dezember 2005

12/13

Der innere Friede

Für Maria ereignet sich in den Tagen, in denen sie „ihren Sohn, den Erstgeborenen“ (Lk 2,7) gebären sollte, viel Unvorhergesehenes: nicht allein die Geburt des Sohnes, sondern zuvor die anstrengende Reise von Nazaret nach Betlehem, die Unmöglichkeit, einen Platz in der Herberge zu finden, die Suche nach einer Notunterkunft in der Nacht; und dann der Gesang der Engel, der unerwartete Besuch der Hirten.
Bei alldem verliert Maria jedoch nicht die Fassung, sie gerät nicht in Aufregung und wird durch Tatsachen, die sie übersteigen, nicht erschüttert. Schweigend betrachtet sie einfach, was geschieht, bewahrt es in ihrem Gedächtnis und in ihrem Herzen, indem sie ruhig und gelassen darüber nachdenkt. Das ist der innere Friede, den wir haben möchten inmitten der manchmal stürmischen und wirren Ereignisse der Geschichte, deren Sinn wir häufig nicht erfassen und die uns erschüttern.

Predigt vom 1. Januar 2013

Die Taufe Jesu

Die Freude, die der Feier des heiligen Weihnachtsfestes entsprungen ist, findet ihre Erfüllung im Fest der Taufe des Herrn ... Der Bericht von der Taufe Jesu im Lukas-Evangelium zeigt den Weg der Erniedrigung und Demut, den der Sohn Gottes freiwillig gewählt hat, um dem Plan des Vaters zu folgen, um seinem Liebeswillen im Hinblick auf den Menschen in allem gehorsam zu sein, bis hin zum Kreuzesopfer. Erwachsen geworden, beginnt Jesus seine öffentliche Sendung, indem er sich zum Jordan begibt, um von Johannes eine Taufe der Buße und Umkehr zu empfangen. Es geschieht das, was in unseren Augen paradox erscheinen könnte. Braucht Jesus Buße und Umkehr? Sicherlich nicht. Und doch reiht sich gerade er, der ohne Sünde ist, unter die Sünder ein, um sich taufen zu lassen, um diese Geste der Buße zu vollbringen; der Heilige Gottes vereint sich mit denen, die erkennen, dass sie der Vergebung bedürfen, und die Gott um die Gabe der Bekehrung bitten, das heißt um die Gnade mit ganzem Herzen zu ihm zurückzukehren, um vollkommen ihm zu gehören. Jesus will sich auf die Seite der Sünder stellen, indem er mit ihnen solidarisch ist und die Nähe Gottes zum Ausdruck bringt.

Predigt vom 13. Januar 2013

Das Lamm Gottes

Im Mittelpunkt des nach festen liturgischen Regeln geordneten Pascha-Mahles steht das Lamm als Symbol der Befreiung aus der Knechtschaft Ägyptens ... Dieses Mahl Israels mit seinen vielfältigen Bedeutungen hat Jesus mit den Seinen am Abend vor seinem Leiden gefeiert. Von diesem Kontext her müssen wir sein neues Pascha verstehen, das er uns in der heiligen Eucharistie geschenkt hat.
In den Berichten der Evangelisten darüber gibt es einen scheinbaren Widerspruch zwischen dem Evangelium des heiligen Johannes einerseits und dem, was uns Matthäus, Markus und Lukas mitteilen auf der anderen Seite. Nach Johannes ist Jesus genau in dem Augenblick am Kreuz gestorben, in dem im Tempel die Pascha-Lämmer geopfert wurden. Sein Tod und das Lamm-Opfer im Heiligtum fielen zusammen. Das bedeutet aber, dass er am Vorabend des Pascha gestorben ist und selbst kein Pascha-Mahl gehalten haben kann – so scheint es jedenfalls.
Nach den drei synoptischen Evangelien hingegen war Jesu letztes Mahl ein Pascha-Mahl, in dessen überlieferten Rahmen hinein er das Neue der Gabe seines Leibes und Blutes einsenkte. Dieser Widerspruch erschien bis vor kurzem unlösbar: Die Mehrheit der Ausleger war der Meinung, Johannes habe uns nicht das wirkliche historische Datum des Todes Jesu mitteilen wollen, sondern ein symbolisches Datum gewählt, um so die tiefere Wahrheit deutlich zu machen: Jesus ist das neue, das wahre Lamm, das sein Blut für uns alle vergossen hat.

Predigt bei der Abendmahlsmesse am 5. April 2007

Beten im Angesicht des Todes

Das Gebet Jesu in diesem Augenblick des Leidens – „Vater, in deine Hände lege ich meinen Geist“ – ist ein lauter Schrei der äußersten und völligen Hingabe an Gott. Dieses Gebet bringt das volle Bewusstsein zum Ausdruck, nicht verlassen zu sein ... Diese Worte sind ein Gebet der „Hingabe“, voll Vertrauen in die Liebe Gottes. Das Beten Jesu im Angesicht des Todes ist ebenso dramatisch wie für jeden Menschen, aber gleichzeitig ist es durchdrungen von jener tiefen Ruhe, die aus dem Vertrauen in den Vater entsteht und aus dem Willen, sich ihm völlig auszuliefern ... Jetzt, wo das Leben ihn verlässt, besiegelt er im Gebet seinen letzten Entschluss: Jesus hat sich den Händen der Menschen ausliefern lassen, aber er legt seinen Geist in die Hände des Vaters. So ist – wie der Evangelist Johannes sagt – alles vollbracht, der höchste Akt der Liebe ist vollendet, bis an die Grenzen und über die Grenzen hinaus.

Generalaudienz am 15. Februar 2012

I·N·R·I
ILLVM OPORTET
MINVI:

Das Geheimnis von Karsamstag

Jesus Christus ist „in das Reich des Todes hinabgestiegen“. Was bedeutet dieser Ausdruck? Er besagt, dass der Mensch gewordene Gott so weit gegangen ist, in die extreme und absolute Einsamkeit des Menschen einzutreten, wohin kein Strahl der Liebe dringt, wo völlige Verlassenheit herrscht, ohne auch nur ein Wort des Trostes: „das Reich des Todes“. Jesus Christus hat durch sein Im-Tod-Bleiben das Tor dieser letzten Einsamkeit durchschritten, um auch uns dazu zu führen, es gemeinsam mit ihm zu durchschreiten. Wir haben alle schon einmal ein furchtbares Gefühl der Verlassenheit gehabt. Und was uns am Tod am meisten Angst macht, ist gerade dies:

Wie Kinder haben wir Angst, in der Dunkelheit allein zu sein, und nur die Anwesenheit eines Menschen, der uns liebt, kann uns beruhigen. Genau das hat sich am Karsamstag ereignet: Im Reich des Todes ist die Stimme Gottes erklungen. Das Undenkbare ist geschehen: Die Liebe ist vorgedrungen in das „Reich des Todes". Auch in der extremsten Dunkelheit der absoluten menschlichen Einsamkeit können wir eine Stimme hören, die uns ruft, und eine Hand finden, die uns ergreift und uns nach draußen führt.

Meditation beim Pastoralbesuch in Turin am 2. Mai 2010

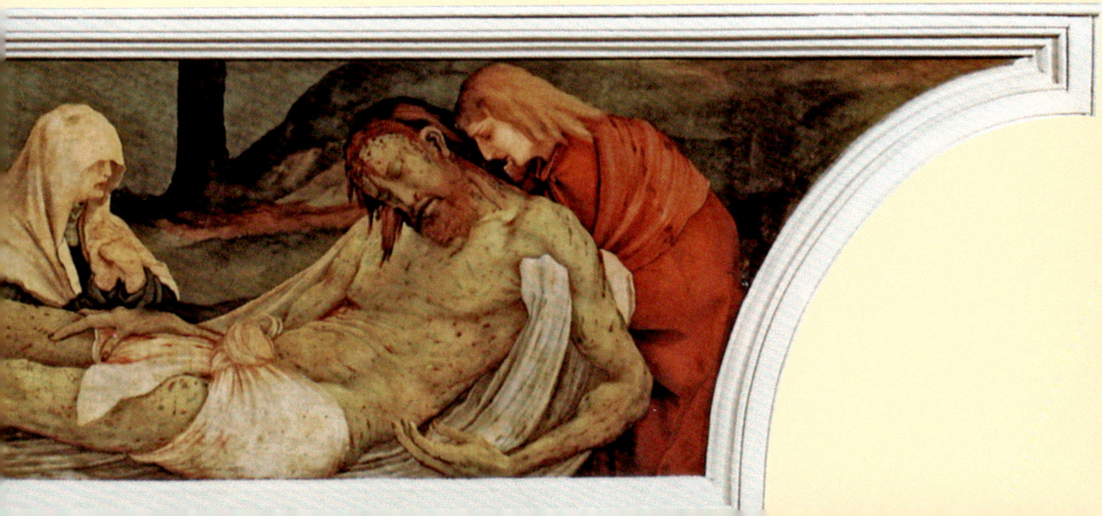

Seht, ich bin bei euch

Um zu beweisen, dass Jesus wahrhaftig der Sohn Gottes, der erwartete Messias ist, reichte der Tod nicht aus. Wie viele Menschen haben im Laufe der Geschichte für eine für gerecht gehaltene Sache ihr Leben aufgeopfert und sind gestorben! Und tot sind sie geblieben. Der Tod des Herrn beweist die unermessliche Liebe, mit der er uns geliebt hat, bis hin zum Opfer für uns; aber erst seine Auferstehung ist der „sichere Beweis", ist die Gewissheit, dass alles, was er sagt, die Wahrheit ist, die auch für uns, für alle Zeiten gilt. Dadurch dass ihn der Vater auferweckte, hat er ihn verherrlicht ...
Jesus ist auferstanden, er ist der Lebendige, und wir können ihm begegnen. So wie ihm die Frauen begegnet sind, die sich am Morgen des dritten Tages, dem Tag nach dem Sabbat, zum Grab begeben hatten ... Die Begegnung mit dem auferstandenen Christus hat die Kraft, die Menschen nachhaltig zu verändern. Dies haben die Apostel und die Jünger in den Tagen nach Ostern erfahren, aber auch den Christen aller Jahrhunderte und jedem Gläubigen gilt die Zusage des Auferstandenen: „Seht, ich bin bei euch alle Tage bis ans Ende der Welt" (Mt 28,20).

Generalaudienz am 26. März 2008

Der heilige Mönchsvater Antonius

Der hl. Athanasius von Alexandrien ist Verfasser eines Werkes, das den „Bestseller“ der alten christlichen Literatur darstellt: das Leben des heiligen Antonius, geschrieben kurz nach dem Tod dieses Heiligen, während der verbannte Bischof von Alexandrien gerade mit den Mönchen der ägyptischen Wüste zusammenlebte. Athanasius war ein Freund des großen Eremiten ... Athanasius schreibt am Schluss dieses Werkes: „Antonius ist nicht durch seine Schriften noch durch weltliche Weisheit oder durch irgendeine Fähigkeit bekannt, sondern allein durch seine Frömmigkeit gegenüber Gott. Und niemand könnte leugnen, dass dies eine Gabe Gottes ist. Denn wie hätte man sonst in Spanien und in Gallien, in Rom und in Afrika von diesem Mann reden hören können, der zurückgezogen in den Bergen lebte, wenn nicht Gott selber ihn überall bekannt gemacht hätte, wie er es mit denen tut, die ihm angehören, und wie er es dem Antonius von Anfang an verkündet hatte? Und auch wenn diese im Verborgenen wirken und verborgen bleiben wollen, so zeigt sie der Herr allen als eine Leuchte, damit alle, die von ihnen reden hören, wissen, dass es möglich ist, den Geboten zu folgen, und damit sie Mut schöpfen, den Weg der Tugend einzuschlagen“ (Leben des Antonius 93,5–6).

Generalaudienz am 20. Juni 2007

Der Isenheimer Altar

In den Jahren um 1512-1515 schuf Matthias Grünewald diesen Wandelalter für die Kirche des Antoniter-Spitals von Isenheim, einem kleinen Ort im Elsass. Die Antoniter waren ein vor allem in Frankreich verbreiteter Bettelorden, der sich der Krankenpflege widmet. Heute ist der Altar im Museum Unterlinden in Colmar zu sehen. Die drei Ansichten des Wandelaltars zeigen Christi Geburt, seinen Tod und seine Auferstehung sowie mehrere Heilige.

In der Advents- und Fastenzeit sind die Altarflügel geschlossen und man sieht das **erste Wandelbild**: die Kreuzigung Christi. Unter dem Kreuz stehen seine Mutter Maria und der Jünger Johannes. Maria Magdalena kniet unter dem Kreuz und Johannes der Täufer in Begleitung eines Lamms weist auf den Gekreuzigten hin. Zu beiden Seiten dieses Hauptbildes sind der hl. Antonius, Schutzpatron der Antoniter, und der hl. Sebastian dargestellt. Unter der Kreuzigungsszene ist auf der Predella die Grablegung Christi zu sehen.

Das **zweite Wandelbild** war in der Weihnachtszeit zu sehen. Klappt man die Altarflügel auf, so zeigt der linke Altarflügel die Verkündigungsszene mit Maria und dem Erzengel Gabriel. Das mittlere Altarbild zeigt das „Engelskonzert“ und die Geburt Jesu. Auf dem rechten Flügel ist der Auferstandene zu sehen. Die Predella blieb während dieser Zeit weiterhin sichtbar.

Ausschließlich am 17. Januar, dem Gedenktag des hl. Antonius, wurden die inneren Altarflügel geöffnet, und man konnte das **dritte Wandelbild** sehen: Im Zentrum steht eine geschnitzte und vergoldete Figurengruppe: links der hl. Augustinus, in der Mitte der hl. Antonius und rechts der hl. Hieronymus. Letzterer ist mit einem Löwen dargestellt, den er heilt. Auf den Altarflügeln sieht man Szenen aus dem Leben des hl. Antonius: links seine Begegnung mit Paulus von Theben, rechts seine Versuchung durch Dämonen. Auch die Predella unter dem Altar wurde geöffnet, und man sah nun die geschnitzten Figuren von Christus und seinen Jüngern.

Der Isenheimer Altar gehört zu den Meisterwerken der sakralen Kunst. Kranke, die von den Antonitern gepflegt wurden, besuchten die Kapelle des Spitals in der Hoffnung, vom hl. Antonius geheilt zu werden. Man glaubte damals, dass geistliche Meditationsbilder zur Heilung beitragen. In späteren Jahrhunderten besuchten unzählige Pilger auf dem Weg nach Santiago de Compostela die Kapelle mit dem Isenheimer Altar.

Bibliografische Information der Deutschen Nationalbibliothek
Die Deutsche Nationalbibliothek verzeichnet diese Publikation in der Deutschen Nationalbibliografie; detaillierte bibliografische Daten sind im Internet über http://dnb.d-nb.de abrufbar.

Abbildungen
Seite 3: Hand des Verkündigungsengels, Bildausschnitt aus der Verkündigung an Maria, Zweites Wandelbild
Seite 7: Verkündigung an Maria, Zweites Wandelbild, linker Altarflügel
Seite 8: Weissagende Propheten, Bildausschnitt aus dem Engelskonzert, Zweites Wandelbild, Mittelteil
Seite 10: Engel, Bildausschnitt aus dem Engelskonzert, Zweites Wandelbild, Mittelteil
Seite 12/13: Engelskonzert und Geburt Christi, Zweites Wandelbild, Mittelteil
Seite 15: Maria mit dem Kind, Bildausschnitt aus der Geburt Christi, Zweites Wandelbild, Mittelteil
Seite 17: Johannes der Täufer, Bildausschnitt aus der Kreuzigung, Erstes Wandelbild, Mittelteil
Seite 19: Das Opferlamm, Bildausschnitt aus der Kreuzigung, Erstes Wandelbild, Mittelteil
Seite 21: Die Kreuzigung, Erstes Wandelbild, Mittelteil
Seite 22/23: Die Grablegung Christi, Erstes Wandelbild, Predella
Seite 25: Die Auferstehung Christi, Zweites Wandelbild, rechter Altarflügel
Seite 27: Der hl. Antonius, Erstes Wandelbild, rechter Altarflügel

ISBN 978-3-7462-4896-7

Umschlaggestaltung: Rungwerth Design, Düsseldorf
Gesamtherstellung: Arnold & Domnick, Leipzig (A)